AF555631

BARREAU DE PARIS

ÉLOGE

DE

M. GAUDRY

DISCOURS

PRONONCÉ

PAR M. JOSEPH FOURNIER

AVOCAT A LA COUR D'APPEL

SECRÉTAIRE DE LA CONFÉRENCE

l'ouverture de la Conférence des Avocats

Le 26 Novembre 1888

IMPRIMÉ AUX FRAIS DE L'ORDRE

PARIS

ALCAN-LÉVY, IMPRIMEUR DE L'ORDRE DES AVOCATS

24, rue Chauchat, 24

1888

BARREAU DE PARIS

ÉLOGE

DE

M. GAUDRY

DISCOURS

PRONONCÉ

PAR M. JOSEPH FOURNIER

AVOCAT A LA COUR D'APPEL

SECRÉTAIRE DE LA CONFÉRENCE

A l'ouverture de la Conférence des Avocats

Le 26 Novembre 1888

IMPRIMÉ AUX FRAIS DE L'ORDRE

PARIS

ALCAN-LÉVY, IMPRIMEUR DE L'ORDRE DES AVOCATS

24, *rue Chauchat*, 24

1888

ÉLOGE

DE

M. GAUDRY

Monsieur le Batonnier,

Messieurs et chers Confrères,

Lorsque Messieurs les membres du Conseil de l'Ordre, nos aînés et nos maîtres, m'eurent fait l'insigne honneur de me choisir pour louer aujourd'hui, au nom du Barreau de Paris, M. le Bâtonnier Gaudry, de si respectée mémoire, j'ai pensé que je vous devais, avant toutes choses, de vous peindre fidèlement cette douce et vénérable figure. J'espérais beaucoup, pour me seconder dans mes efforts, de la piété filiale de la belle et nombreuse famille que Gaudry a laissée après lui, race privilégiée dans laquelle se transmettent, comme un précieux héritage, la charité et la science. Certes, le souvenir de Gaudry est entouré de la plus profonde vénération parmi les siens, et rien de ce qui touche à sa mémoire ne saurait leur demeurer étranger; mais le vertueux Bâtonnier leur a transmis, avec ses autres qualités, son excessive modestie; et d'ailleurs, l'attachement et la reconnaissance, comme la vertu, ont aussi leur pudeur; ce qui les a empêchés bien souvent de nous dire tous les traits nobles et généreux qui ont signalé la belle carrière que je vais m'efforcer de retracer. Nous ne saurions nous en étonner, et nous appliquerons bien volontiers ici cette pensée si ingénieuse de Pline-le-Jeune, que c'est le propre d'un ami de ne louer qu'avec une extrême réserve l'objet de son affection : « *Hoc ipsum amantis est non onerare cum laudibus.* »

L'année dernière, le brillant orateur qui prononçait à cette place l'éloge de M. le Bâtonnier Baroche, nous montrait, dans son gracieux langage, son héros « échangeant les honneurs paisibles, que lui avait « décernés notre Ordre, pour les périls de la vie « publique, député, ministre, Président du Conseil « d'Etat, garde des sceaux, chargé d'honneurs et de « responsabilités, portant les uns et les autres avec « une aisance toujours prête, une facilité de travail, « une souplesse d'aptitudes qui le font toujours égal « à ses situations diverses. » La vie de M. Gaudry ne ressemble pas, sous ce rapport, à celle de Baroche; elle appartient tout entière au Barreau, à l'étude et à la bienfaisance. Elle s'est écoulée sans bruit et sans éclat ; elle n'a connu ni les satisfactions de la vanité, ni les enivrements de la gloire ; mais elle ne s'est pas non plus achevée « dans l'exil, dans la solitude et dans l'angoisse. » Elle peut se résumer d'un mot, qui en contient à coup sûr le plus bel éloge, elle a été honnête et utile, dans la plus haute acception de ces mots, pendant toute sa durée. Mais ce qui domine toute cette vie, ce qui lui donne son véritable caractère, c'est sa rigoureuse unité, et la fidélité constante, inébranlable, absolue de Gaudry à toutes ses convictions. Légitimiste, Gaudry resta fidèle au prince, dans la bonne comme dans la mauvaise fortune ; catholique fervent, il mettait volontiers au service du clergé les connaissances juridiques qu'il avait su acquérir. Il fut un avocat d'un réel savoir, d'une bonté parfaite et d'une entraînante honnêteté. C'est par ces qualités éminentes, non moins que par son talent, qu'il lui fut donné de parvenir au suprême honneur de la profession. Toute sa vie, il a recherché et pratiqué le bien qui ne fait pas de bruit ; il a fui non moins soigneusement et flétri le bruit qui ne fait pas de bien. En l'élevant au Bâtonnat, le Barreau de Paris couronnait l'avocat et l'homme de bien tout ensemble, et rendait à l'élévation de son caractère et à sa droiture un sincère et solennel hommage.

Joachim-Antoine-Joseph Gaudry naquit à Sommevoire (Haute-Marne) le 9 juin 1790. Son grand-père, Joachim Gaudry, était un militaire instruit et un observateur judicieux. Nous le voyons en 1746 prendre part aux campagnes de Flandre dans les gendarmes du roi; puis entré en 1761 dans l'artillerie, il fait la guerre en Allemagne. Préposé en 1767 à l'arsenal de Toul, il adresse au roi, deux ans plus tard, un traité sur l'empilement des boulets et des fers coulés; ce qui lui vaut les éloges de M. le duc de Choiseul, alors ministre, et une pension du roi. Mais, comme toute nouveauté non hiérarchique de nos jours, son ouvrage est perdu, enterré. On lui en demande une analyse qu'il envoie sous forme de pancarte, avec des figures de carton représentant ses piles de boulets. On essaie publiquement son système à Toul, puis à Metz et à Strasbourg. Ce système étant devenu classique, il rédige, en 1787, une deuxième édition refondue de son mémoire.

Joachim Gaudry épousa Antoinette du Rupt, dont il joignit le nom au sien; on le voit appelé dans les actes Gaudry du Rupt. Les deux époux eurent pour fils Joseph Gaudry, père du Bâtonnier qui, après avoir étudié le droit à Reims, devint avocat au bailliage de Toul, où il exerça notre profession jusqu'à la Révolution de 1789.

Le bailliage de Toul et ses avocats ayant été supprimés en 1789, M. Gaudry père vint habiter au village de Sommevoire, où naquit M. le Bâtonnier Gaudry, puis il se fixa à Saint-Dizier, où il exerça cette fonction municipale qu'on appelait alors administrateur du district. Dans ses fonctions municipales, il eut à protéger sa ville contre les violences de la guerre et les fureurs des Jacobins. Royaliste libéral, adversaire déterminé des tendances révolutionnaires, il le fit avec une énergie et un talent qui imposèrent plus d'une fois aux furieux. Un jour même, la population entraînée par son éloquence, jeta hors des portes de la ville le fanatique envoyé de la Convention. Il aurait payé de sa vie sa généreuse opposition, si le 9 thermidor ne lui eût ouvert les portes de sa prison; et s'il en fut quitte à si bon marché, il le dut en grande partie au besoin que l'on avait de son influence et de son activité contre l'invasion austro-prussienne.

Il fit en effet des prodiges pour satisfaire aux réquisitions inouïes des Prussiens de 1792 et de 1814, que l'on a de nouveau connues en 1870, et pour faire vivre et défendre ses concitoyens affamés.

M. Gaudry père avait épousé en 1787 Marguerite-Victorine Lebon, sœur de l'ingénieur des ponts et chaussées, Philippe Lebon, l'inventeur de l'éclairage par le gaz hydrogène carboné, l'une des plus belles découvertes de notre âge. Elle a donné un nouvel aspect à nos villes, elle contribue à leur sécurité; elle a ajouté longtemps à l'éclat de nos fêtes et de nos théâtres, et elle est encore aujourd'hui, pour des compagnies puissantes, le principe d'immenses bénéfices.

Cependant l'inventeur est mort pauvre, à trente-six ans, au moment où il allait prendre un rang élevé dans la science et dans l'industrie, et la gloire de l'invention a été longtemps ravie à sa famille et à son pays.

Ce fut M. le Bâtonnier Gaudry qui, neveu de Philippe Lebon par sa mère, et témoin dans son enfance de ses travaux, revendiqua le premier cet honneur pour son oncle et rétablit ainsi sa mémoire.

Dans la notice qu'il publia à ce sujet, M. Gaudry nous raconte, d'une manière fort agréable, toutes les circonstances de l'invention qui se fit à Brachay, lieu de naissance de Philippe Lebon. Les sciences avaient marché pendant des siècles, à côté de phénomènes qui semblaient les révéler, et il avait fallu le coup d'œil d'un esprit supérieur pour saisir et rapprocher des aperçus jusqu'alors négligés. Aussi M. Gaudry nous dépeint-il, d'une manière fort heureuse, l'esprit de l'inventeur qui s'exaltait jusqu'à l'enthousiasme, comprenant que toute une révolution s'accomplissait dans l'industrie, et l'on se rappelle encore, dit-il, dans le village où se fit l'invention, le délire de sa joie : « Mes amis, disait-il aux paysans, je vous chaufferai, je vous éclairerai de Paris à Brachay. » Et les bonnes gens haussaient les épaules en disant : « Il est fou. » Cette folie était tout simplement du génie. Mais il n'était pas donné à Philippe Lebon de recueillir le fruit de ses travaux.

Il avait été appelé à Paris comme ingénieur pour assister aux cérémonies du sacre, lorsqu'une mort subite vint l'enlever à la science, à sa famille et à ses amis le 2 décembre 1804, le jour même du couronnement de l'Empereur. Des bruits affreux circulèrent sur cet événement. On raconta qu'il avait été frappé de plusieurs coups de couteau dans les Champs-Elysées, et qu'on le rapporta chez lui ensanglanté et mourant. Ce qui est certain, c'est qu'il expira avant que sa famille pût être rappelée du Havre, et que jamais on n'a pu connaître ni la cause, ni les auteurs de sa mort, si toutefois le crime ne fut pas étranger à cette catastrophe. Quelques années plus tard, un Anglais nommé Winsor devait lui disputer sa découverte. Telle est souvent la destinée des inventeurs et des hommes de génie. Ils sacrifient à la science leur fortune, leur existence et l'avenir de leurs familles. Et lorsque le ciel leur a donné une de ces pensées fécondes qui enrichissent un pays, on leur dispute jusqu'à leur gloire ; ils meurent dans l'indigence comme Philippe Lebon, et leurs enfants peuvent à peine ressaisir l'héritage d'honneur qu'ils ont laissé.

I

Maintenant que nous avons parlé de la famille de Gaudry et que nous l'avons pour ainsi dire fait entrer en scène au milieu de ses ancêtres, le moment est venu de retracer son enfance et ses débuts, d'étudier sa physionomie et les différents traits de sa personnalité. Il était encore au berceau quand sa famille vint habiter Saint-Dizier. Il y suivit l'école primaire comme tous les enfants de la ville; et ce qui est vraiment incroyable, c'est que pour ses études classiques qui furent si brillantes, Gaudry n'a jamais eu d'autre maître que son père, qui s'y consacra comme le plus dévoué des précepteurs, mais non, paraît-il, sans quelque sévérité.

Ses premières années et sa jeunesse se passèrent à Saint-Dizier, au milieu des orages révolutionnaires, et le seul souvenir personnel que Gaudry aît gardé de cette triste époque, c'est d'avoir porté des fleurs à la fête de l'Être suprême.

Le moment arriva où il fallut quitter la maison paternelle pour venir à Paris; ce fut un véritable déchirement dans la famille. Gaudry vint pour la première fois à Paris le 7 août 1807, et entra plus que tristement chez son procureur; d'abord chez celui qu'il a fort spirituellement et un peu méchamment chansonné, car le grave M. Gaudry (qui le croirait aujourd'hui ?) a souvent été un poète et même un chansonnier charmant à ses heures, quand il a dit de lui :

« Le diable dans sa finesse,
« Car il est toujours malin,
« Pour me jouer une pièce,
« M'a placé chez son cousin.

« Ce tome second du diable,
« Noir du haut jusques en bas,
« Soutient sa personne aimable
« Sur deux minces échalas.

« Il ne porte pas les ailes
« Qu'on donne à Monsieur Satan ;
« On sait pourtant que sous elles
« Il vole facilement.

« Mieux armé que l'hippogriffe,
« Quand il va quêtant, volant,
« Une longue et double griffe
« Saisit le pauvre passant.

« Pour compléter la figure
« Et l'image de Pluton,
« Il lui faudrait cette armure
« Que l'on porte sur le front.

« Voulant éviter tout blâme,
« Et plaire à l'esprit malin,
« On dit qu'il va prendre femme
« Pour qu'il ne lui manque rien. »

Outre ce procureur si coquettement chansonné, Gaudry, qui se donnait tout entier aux études juridiques et ne reculait devant rien pour se préparer fortement à la profession d'avocat, entra successivement chez trois autres procureurs, et obtint chez les deux derniers le titre de maître clerc. Nous voyons, par une notice biographique, rédigée avec un soin pieux, et qui a été mise gracieusement à notre disposition, que, à cette époque de sa vie, logé sous les toits, dans une chambre des plus modestes, il fit sa compagnie, non d'une araignée, comme Pellisson captif, mais d'une souris, sur la mort de laquelle il a composé une touchante élégie. Son budget qu'il a conservé, et où son esprit d'ordre se montre tout entier, était alors bien modique (1).

(1) « Il paie un pantalon treize francs 9 sous, un chapeau six francs plus un franc pour le reborder l'année suivante ; enfin il s'occupe de musique et achète pour quatre sous de corde à violon. »

« Mais, disait-il gaiement, en racontant ces années « de sa jeunesse, je ne coûtais plus rien à mes parents « et j'avais le strict, quoique très strict, nécessaire. »

Tous ceux qui ont connu les opinions politiques et religieuses de Gaudry s'étonneront sans doute de voir, parmi ses plus intimes amis de cette époque, le célèbre M. Raspail, qu'il emmena deux fois dans sa famille à Saint-Dizier. Un sien cousin le lui avait amené du Midi, portant la soutane, et venant, disait-il, à Paris pour entrer au séminaire du Saint-Esprit. Il ne se pressait pas. Gaudry l'hébergeait, malgré l'extrême modicité de ses ressources ; mais il était enchanté de son esprit. M. Paravey, le célèbre orientaliste, étant venu les voir, Raspail lui donna si bien la réplique, dans une conversation sur la littérature chinoise, que le savant reconduit par Gaudry, dit à c elui-ci avec enchantement : « Votre ami est très fort. » — « Ah ! çà, lui dit Gaudry en rentrant, depuis quand es-tu si habile en chinois ? » — « Moi, reprend Raspail, je n'en sais pas le premier mot. Quand on est avec un savant, on le fait causer et poser. Puis, on fait mine de le contredire par des monosyllabes qui l'excitent et qui ne compromettent rien ; il développe son système, on en attrape adroitement quelques bribes, dont on s'empare et qu'on répète avec esprit. Il s'écrie enthousiasmé : « C'est bien cela ! Nous nous comprenons ! » Et l'on passe pour d'autant plus fort que l'on a eu soin de l'écraser en même temps de coups d'encensoir.

Toutefois Gaudry ne tarda pas à perdre de vue son « ami Raspail », qui était déjà, on a pu en juger, très fort dans ses recettes sur la vie pratique, et ne le retrouva qu'après 1830 sur les bancs de la cour d'assises dans la personne du fougueux révolutionnaire, fondateur du journal l'*Ami du Peuple*.

Cependant Gaudry se fit admettre au stage en 1814, et commença de suite cette belle et laborieuse carrière qu'il poursuivra pendant quarante années. Déjà une consultation lui a été payée vingt francs. Le 25 juillet il plaide à la Cour royale sa première cause et reçoit trente francs d'honoraires. L'année suivante est réellement extraordinaire pour un débutant : elle se résume, outre les consultations, en 119 causes jugées, dont 84 sont gagnées ou conciliées par ses soins.

C'est par M. l'avocat général Quéquet, mort plus tard conseiller à la Cour de cassation, qui l'avait distingué à l'audience, dès la période de ses débuts, que Gaudry fut proposé pour gendre à M. Gairal... Je vais le connaître, répondit celui-ci, car je l'ai précisément pour adversaire dans un procès... Gaudry gagna sa cause, et M. Gairal, qui n'aimait pas à perdre les siennes, autorisa cependant M. Quéquet à lui amener son protégé, et le mariage se fit. Depuis lors, M. le Bâtonnier Gairal, faisant allusion à cette première lutte d'audience, dit à Gaudry : « Mon ami, j'ai perdu ma cause, mais tu as gagné ma fille. »

Cette union, qui fut particulièrement heureuse,

dura trente-deux ans. Elle fut célébrée à l'église Notre-Dame-des-Blancs-Manteaux, le 8 mai 1817. Le jeune ménage, dont la principale fortune était le bonheur, avait, dans la maison de la rue Sainte-Croix-de-la-Bretonnerie, au Marais, un petit appartement au-dessus de M. Gairal; on dînait chez ce dernier, et Gaudry travaillait dans son premier cabinet.

C'est dans cette communauté d'existence et dans les courses qu'ils faisaient pour aller ensemble au Palais et en revenir, souvent par le plus long, que se créa, entre le beau-père et le gendre, cette intimité qui les rendit l'un et l'autre si heureux. M. Gairal et Gaudry s'entendaient à merveille sur le Barreau, la monarchie et même sur la religion, bien que le premier n'eût guère pour celle-ci qu'un profond respect. C'est ainsi que Gaudry passa sa jeunesse tout entière, au milieu des hommes d'élite qui furent la dernière expression des belles traditions de l'ancien Barreau de Paris. Les Billecocq, les Bonnet, les Bellart, alors dans toute leur gloire, l'aimaient comme le fils de leur plus digne confrère et de leur meilleur ami.

Que de rapprochements entre le beau-père et le gendre qui donnèrent à notre Ordre deux Bâtonniers si respectés! que d'incidents ils se confiaient!

Il y avait, parmi les clients de M. Gairal, un gentilhomme, que ses colossales libéralités ont fait ranger parmi les bienfaiteurs les plus insignes de l'humanité, et dont l'univers étonné admire encore aujourd'hui les générosités. Depuis soixante années, son éloge est devenu inséparable de l'immuable panégyrique de la vertu. Toutefois, un haut magistrat (1) nous a révélé naguère, que « la légende des bienfaits de M. de Montyon avait un peu faussé l'histoire de sa vie. »

Il était riche, et administrait sa fortune avec une exactitude exemplaire. Celui de nos maîtres (2), qui est notre représentant autorisé à l'Académie française, et qui connaît le mieux toutes les richesses de notre belle langue nationale, a dit de lui « qu'il savait « mieux que personne, combien il fallait de foin pour « faire une meule, et qu'il ne se laissait pas tromper « d'une botte ; qu'il écrivait de Paris ce qu'il fallait « retrancher d'avoine à ses chevaux, lorsqu'ils se re- « posaient du labourage, et réclamait à son régis- « seur les sacs de toile dans lesquels il lui envoyait « les écus de son trimestre. » Il avait beaucoup de procès, et remettait scrupuleusement à son avocat des honoraires variant de cinq à vingt francs ; mais il était si misérablement vêtu, dans son frac et sa cravate blanche, que Gairal croyait avoir affaire à un gentilhomme besoigneux. Il avait donc la délicatesse de ne pas refuser ces ridicules honoraires, de crainte d'humilier *le pauvre homme*. A sa mort, celui-ci laissa une immense fortune, consacrée à des œuvres pies qui ont fait bénir sa mémoire ; et je n'oserais affirmer que Gaudry et Gairal n'aient pas reproché

(1) M. le conseiller Labour. M. de Montyon d'après des documents inédits, ouvrage couronné par l'Académie française, 1880.

(2) M. Rousse, discours sur les prix de vertu 1883.

quelquefois à la mémoire de M. de Montyon d'avoir ménagé, avec tant de parcimonie, de son vivant, ces trésors de générosités qu'il devait, comme on l'a si bien dit, « répandre sans mesure après sa mort. »

Nous croyions lire l'éloge de Gaudry, quand nous avons parcouru les pages qu'un avocat distingué (1), longtemps membre du Conseil de l'Ordre, a consacrées à Gairal. Comme ce dernier en effet, dont il était en quelque sorte l'image, Gaudry étudiait religieusement ses causes, il avait de l'ordre, de la méthode, posait avec soin et intelligence les divisions de sa discussion. Au nombre de leurs vertus brillait surtout le désintéressement, et quand il s'est agi de faire prévaloir le droit sur l'intrigue ou la perfidie, le client opprimé les a toujours trouvés prêts à voler à son secours.

C'est ici le lieu de parler de la mémorable affaire des héritiers Dujardin de Rusé contre Delamarre, qui fut l'un des triomphes de Gaudry, dans cette première période de sa carrière. Il la gagna devant la Cour royale de Paris, en 1825, après un demi-siècle de luttes.

Dujardin de Rusé était, sous l'ancien gouvernement de la France, fournisseur général des mâtures de la marine française. Il était décédé en 1783, laissant une fortune de plusieurs millions. Le sieur Delamarre son petit cousin, auquel il avait tendu une main secourable, était son commis à 600 francs, puis 1,200 francs

(1) Couture, *Mon Portefeuille*, p. 112 et suiv.

d'appointements. Le service des fournitures de la marine ne pouvait admettre aucune interruption ; à la mort de M. de Rusé, il fallait un gérant, il le fallait à l'instant même. Sur la demande de Mme de Rusé, une lettre du ministre lui accorda la continuation des fournitures de la marine, conjointement avec le sieur Delamarre. Cette entreprise exigeait de grandes avances. Comment un simple commis aurait-il pu fournir la portion à sa charge ? Mme de Rusé leva aussitôt cette difficulté, en dispensant son associé de toute mise de fonds.

Cependant deux mois se sont à peine écoulés, depuis l'acte de société de 1783, que tout-à-coup Delamarre éblouit par sa magnificence, il parle de millions qu'il possède ; il loue, rue Ménars, un logement magnifique : deux équipages, quatre chevaux, une somptueuse argenterie, une charge de secrétaire du roi au grand Collège succèdent en un clin d'œil à son réduit du troisième étage, à sa médiocrité. Chargé par l'acte de société de rendre des comptes, Delamarre qui, après la mort de M. de Rusé, s'était emparé d'une quantité prodigieuse de blancs-seings, fit entrer dans ses réclamations une masse énorme de bons au porteur, dont quelques-uns s'élevaient à 100.000 et 150,000 francs. Sur ces entrefaites, Mme de Rusé mourut subitement.

La voix publique accusait le sieur Delamarre, son faste le trahissait. Tant d'actes de spoliations allaient enfin être réprimés, quand la Révolution éclata. Le

Parlement et le Châtelet furent supprimés, et la connaissance du procès se trouva dévolue à l'un des tribunaux provisoires créés par les lois nouvelles.

Delamarre, qui calculait, au milieu des désastre-publics, comment il pourrait se débarrasser de ses lons gues terreurs, ne devait pas être difficile sur le choix des moyens. Quelques jours après le massacre des prisons, qui arriva dans les journées du 1er et du 2 septembre 1792, les tribunaux criminels provisoires, devenus sans objet, furent supprimés. Le jour où ils siégèrent pour la dernière fois, alors que la terreur régnait partout, Delamarre, en l'absence des héritiers de Rusé, en l'absence de leur conseil, M. Gairal, dont les jours étaient menacés, vint demander à un tribunal supprimé de décider que les héritiers seraient tenus par corps de représenter tous les registres et papiers inventoriés de Mmes de Rusé.

Après un premier moment de stupeur, les héritiers interjetèrent appel ; M. Gairal vint, au péril de ses jours, leur apporter l'appui de sa parole. Il n'eut pas de peine à démontrer qu'un voleur ne serait pas admissible à demander que sa victime commençât par représenter l'objet volé. Mais on était au mois de juillet 1793, quel espoir pouvaient conserver les adversaires de Delamarre, dont l'un avait été premier commis des finances de Monsieur, l'autre gentilhomme servant de la reine, et dont les épouses, héritières de Mme de Rusé, lectrice de Mme Élisabeth, avaient été attachées à Mme la comtesse d'Artois et à Mme la duchesse de Provence. Devant de tels juges, Delamarre était certain de vaincre de tels ennemis.

Le malheur des temps devint donc pour Delamarre une sorte de divinité protectrice. Neuf ans se passent dans l'inaction ; puis, il vient rompre le premier le silence, pour se prévaloir de la prescription de six ans, établie contre tous les crimes, par le Code des délits et des peines de Brumaire an IV. Il se trouvait ainsi dégagé de toute poursuite criminelle.

Quant aux héritiers de Rusé, réduits à la misère par la force des circonstances, les frais énormes d'un procès civil, l'enregistrement des actes, les longs débats d'un compte rendu sur des opérations immenses furent longtemps pour eux des obstacles invincibles. Enfin, le 21 août 1818, ils assignèrent de nouveau le sieur Delamarre en reprise de l'instance civile qui avait pour objet la liquidation des comptes de la succession de Rusé et de la société ayant existé entre Mme de Rusé et le sieur Delamarre.

Les intérêts de ce dernier étaient représentés par M. Tripier, qui fut depuis l'un des Bâtonniers de notre Ordre, et dont l'un de mes devanciers (1) a dit si heureusement : « Tripier un chef d'école, un maître à l'éloquence pressée et positive. » M. Tripier était en effet un chef d'école, un esprit puissant et original, qui, à une époque où régnait encore la vieille élo-

(1) M. Tommy Martin. Eloge de Dupin aîné.

quence, représentée par des avocats aimables, instruits, spirituels, a toujours dédaigné les artifices de la parole, auxquels la tournure particulière de son esprit semblait l'avoir rendu impropre. Mais il était tout puissant par la logique ; son argumentation était souvent invincible. Si nous croyons Couture (1), « chacune de ses causes était si soignée, si approfon- « die, les déductions de sa raison étaient si nourries « et si vigoureuses, que c'était un sujet d'étonnement « et d'admiration. » C'est contre un tel adversaire que devaient lutter le loyal désintéressement, le savoir et la probité de Gaudry, encore dans la période de ses débuts, secondé, il est vrai, par la haute autorité de Gairal. Mais ce ne fut pas l'habileté de M. Tripier qui l'emporta dans cette longue lutte du faible contre le fort, du pauvre contre le riche ; et ce que l'on ne saurait trop admirer, dans cette victoire conquise par tant d'années de dévouement absolu, c'est cette loyauté parfaite qui constitua toujours la principale puissance de Gaudry et de Gairal, cette fleur de délicatesse qui brilla toujours en eux, ce désintéressement qui fut toujours pour eux une religion.

Ce fut vers cette époque que Gaudry quitta l'appartement qu'il habitait avec M. Gairal, au coin de la rue Sainte-Croix-de-la-Bretonnerie et de la rue de l'Homme-Armé, dans une maison éclairée par de grandes fenêtres, de formes bizarres, défendues par

(1) Couture, *Mon Portefeuille*, p. 123.

des barreaux de fer énormes, pour venir habiter rue des Blancs-Manteaux ; puis, M. Gairal quitta le Marais, qui commençait à ne plus être le quartier de la Magistrature et du Barreau, et émigra, comme presque tous ses confrères, dans le quartier de la place Vendôme, rue Louis-le-Grand, où il est mort. Gaudry le suivit et s'installa rue des Moulins, dans l'appartement occupé tout récemment encore par l'un de nos Bâtonniers, le regretté M. Sénard.

II

Cependant, la réputation de Gaudry commençait à s'affirmer et à grandir. Aussi, grâce à ses succès, grâce surtout à la haute estime qu'il avait su se concilier parmi ses confrères, entra-t-il au Conseil dès 1828, c'est-à-dire quatorze ans à peine après son admission au stage, comme député de la septième colonne. Le Conseil de l'Ordre se composait alors, sous l'empire de l'Ordonnance de 1822, du Bâtonnier, des anciens Bâtonniers et de deux députés pour chacune des sept colonnes. En 1829, Gaudry resta député de la septième colonne ; mais en 1830 et 1831, il fut exclu sous l'influence du mouvement qui avait présidé à la Révolution de Juillet.

Il revint l'année suivante, en 1832, prendre sa place, au milieu de la célèbre phalange, que les élections de novembre 1830, faites sous l'influence des événements politiques récents, avaient envoyée remplacer une grande partie de l'ancien Conseil. Il aurait été difficile que les élections du Barreau ne portassent pas l'empreinte des passions qui agitaient alors la France entière. Les opinions qui étaient un titre pour être admis, en étaient un aussi pour être exclu ; Berryer n'obtenait pas alors trente voix pour entrer au Conseil, et Hennequin y figurait le dernier sur la liste. Mais ce qui fut, dans cette révolution comme dans toutes les autres, l'honneur incontesté du Barreau de Paris, c'est que, parmi ceux qui venaient d'être nommés, il n'en était aucun qui n'en fût digne par son talent et par l'usage qu'il avait su en faire. C'étaient Mauguin, Philippe Dupin, Delangle, Chaix d'Est-Ange, Paillet, Marie et d'autres encore. Mauguin, le premier Bâtonnier élu après 1830, alors au faîte de sa carrière, mort depuis dans l'abandon et la pauvreté, orateur éloquent « dont le nom, dit « M. Pinard (1), par l'effet de circonstances fatales, n'a pas même reçu l'hommage que le Barreau ne « refuse pas aux plus humbles de ses membres » ; Philippe Dupin, dont on a fait le plus bel éloge en disant de lui que « pris dans les détails il avait des « maîtres ; que pris dans l'ensemble, il n'avait pas « d'égal »; Chaix d'Est-Ange, ce charmeur à la séduction duquel il était impossible de résister;

(1) M. O. Pinard, *Le Barreau au dix-neuvième siècle*, p. 315.

Delangle, ce dialecticien redoutable, dont on a dit « qu'il vissait ses arguments »; Paillet, dont l'éloquence « douce, simple, insinuante persuadait sans qu'on eût le temps de s'en défier (1) »; Marie, enfin, dont la parole se distingue par un caractère constant de droiture et d'élévation, et qui sut sauvegarder, avec une si grande fermeté, les prérogatives de la défense et les droits du Barreau.

La Cour royale de Paris avait alors à sa tête M. le premier président Séguier, l'une des figures les plus originales de ce temps, et dont les interruptions resteront célèbres dans l'histoire des débats judiciaires de cette époque. M. Gaudry, dont le caractère n'avait rien de frondeur, n'en eut pas moins, comme presque tous ses confrères, à essuyer les boutades et les brusqueries de l'impétueux premier Président. Mme Gaudry était atteinte d'une fièvre typhoïde compliquée de choléra, dont elle faillit mourir, et ne se remit que très lentement. M. Gaudry, avocat de l'une des dernières causes retenues, manifesta le désir de se retirer, donnant pour raison que sa femme était dangereusement malade. — « Vous ne pouvez pas vous retirer, lui répliqua vive-« ment M. Séguier. En ce moment même, j'ai ma « femme aussi très mal; à l'heure qu'il est, on fait « pour elle une consultation, et cela ne m'empêche « pas de remplir mon devoir ». Mme Séguier était

(2) Fénelon, *Télémaque*, liv. XV.

en effet fort dangereusement malade et mourut quelques jours après.

Un autre jour, M. le premier président Séguier donna à Gaudry un vif témoignage de son estime. M. le Bâtonnier Chaix d'Est-Ange devait présenter au serment d'avocat les licenciés présents à la barre; mais, apercevant en tête de la liste, le nom de M. Jules Gaudry, qui, après avoir exercé non sans succès notre profession, et figuré parmi les secrétaires de la Conférence, est devenu un ingénieur d'un grand mérite, auteur d'ouvrages estimés, M. Chaix d'Est-Ange voulut « laisser à Gaudry l'honneur et le plaisir de présenter lui-même son fils à la Cour, et de lui ouvrir ainsi l'entrée d'une carrière, où son nom et ses exemples devaient lui être si profitables. »

« Nous nous associons bien volontiers à votre observation, répondit M. le premier président, le jeune avocat ne peut avoir un meilleur modèle que son père, si justement estimé de tous, et nous espérons qu'il suivra les exemples et les excellents principes qu'il en a reçus. Nous souhaitons que Me Gaudry puisse voir encore son petit-fils. »

De pareils éloges avaient un très grand prix dans la bouche de M. Séguier, héritier d'un grand nom judiciaire, qui avait dans les veines, en dépit de ses saillies impétueuses, un vrai sang de magistrat. Si M. Gaudry eût vécu quelques années de plus, il aurait eu la joie de voir s'accomplir le souhait de M. Séguier, car le Barreau de Paris est heureux de compter, parmi ses membres, un petit-fils de cet éminent Bâtonnier.

Après la prestation du serment, M. Séguier se penchant vers M. Jules Gaudry, lui dit avec ce ton familier qui suivait parfois ses brusqueries redoutées : « Retenez bien ma recommandation, imitez toujours « votre père. »

M. Gaudry était un avocat distingué par sa belle tenue, grand et élancé, très droit, la tête haute et presque fière, avec des yeux bleus, et d'abondants cheveux d'abord très blonds, mais ayant blanchi de très bonne heure, il avait une physionomie d'une incomparable douceur. Il a porté exclusivement, presque toute sa vie, l'habit noir et la cravate blanche, alors considérés comme le costume traditionnel de l'avocat; mais, il n'a eu que très peu de temps la culotte courte et les souliers à boucle, auxquels M. Gairal resta fidèle jusqu'à la fin de ses jours. Dans ses plaidoiries, il était moins artiste que logicien méthodique. Sans être à proprement parler un orateur, il gagnait en somme la grande majorité de ses causes. Un haut magistrat en a donné un jour cette raison « que la cause défendue par cet honnête homme était toujours présumée être la bonne. » Cette parole ne vaut-elle pas à elle seule tous les éloges ?

On ferait un volume de ses souvenirs ; on ferait un roman, plusieurs peut-être, des échos de son cabinet. Rien n'est plus piquant que l'histoire de cet officier supérieur de la garde royale sous la Restauration, taillé en Hercule Farnèse, qui se présente un jour dans le cabinet de Gaudry, avec le signe d'une profonde douleur, et lui dit avec effort et tout honteux : « Ma femme me bat ! » Or, cette femme était une fort jolie, mais toute petite personne, que l'officier supérieur de la garde royale eût pu écraser d'une chiquenaude.

Un jour, au moment même où son mari passait la revue de son régiment sur la place d'armes de Versailles, elle était venue lui administrer... des coups de balai. Un autre jour, à un dîner de corps, elle s'était levée de table, et montée derrière son mari sur un tabouret, elle l'avait, devant tous ses officiers, assommé de coups de bouteilles. Ce dernier avait dû la prendre sous le bras, et l'enfermer dans sa chambre, où elle avait fait un bruit d'enfer. On plaida en séparation de corps, et Gaudry gagna sa cause, qui amusa tout Paris, d'autant plus que ces deux époux, si singulièrement assortis, s'adoraient au milieu de leur supplice.

La vertu notoire de Gaudry l'a rendu le confident de bien des situations cruelles, et l'autorité qui s'attachait à son nom, son désintéressement bien connu lui ont souvent permis de dénouer heureusement des situations fort délicates.

Que dirai-je de cet autre drame intime, dans lequel Gaudry reçut une si haute marque d'estime pub ique ? La Cour d'appel et le ministre fort émus de faits scandaleux qui s'étaient produits dans une instance en nomination de conseil judiciaire, cherchaient un conseil dont le désintéressement fût au-dessus de tout soupçon. Le premier Président de la Cour d'appel et le Bâtonnier de l'Ordre des Avocats vinrent dire à Gaudry : « Il faut que vous acceptiez ». Il accepta, et, non seulement il rétablit la personne dont les intérêts lui étaient confiés dans une situation digne de sa fortune ; mais, il sut se concilier son amitié, aussi bien que le respect de tout ceux qui l'entouraient.

Ce fut, du reste, le sort habituel de Gaudry de voir ses clients devenir ses amis. Les Montmorency, les de Damas, les de Conny, les Molé, les de Noailles étaient en correspondance affectueuse avec lui. Les Monistrol, les Larochejacquelein l'accablaient de preuves d'affection. Il fut, quoique légitimiste, l'avocat de M. le duc d'Aumale, dans de nombreux procès relatifs à l'héritage des Condé, comme il avait été précédemment l'avocat de M. le duc de Bourbon. Sa renommée de prudence, de savoir et d'autorité le désignait pour les fonctions d'arbitre, auxquelles il fut très fréquemment appelé par les parties qui désiraient soit une conciliation, soit une équitable décision. Une de ses affaires d'éclat fut la revendication du cœur de la Tour d'Auvergne, le premier grenadier de France, que se disputaient deux familles. Il gagna sa cause, et écrivit sur l'héroïque soldat, une notice éloquente, qui vient s'ajouter à ses autres œuvres.

III

Mais le titre principal de Gaudry à notre reconnaissance, ce fut son Bâtonnat. Lorsqu'il fut élu Bâtonnier en 1850, les circonstances étaient difficiles. Sous l'influence de la Révolution de 1848, aux bruits des dissensions politiques, des émeutes et des clubs, l'esprit et la discipline du Barreau avaient commencé à se corrompre. La politique au Palais prenait le pas sur les affaires, elle était partout, et avait séduit, il faut le reconnaître, les Bâtonniers eux-mêmes. M. Baroche était devenu garde des sceaux et devait être ministre des Affaires étrangères, et le dernier Bâtonnier, M. Boinvilliers, devenu lui aussi député, laissait solennellement « flotter les rênes. » On sentait la nécessité de revenir aux traditions séculaires de notre Ordre, de mettre fin à une faiblesse dissolvante; on sentait le besoin d'une main ferme, capable de maintenir, sous le joug de la discipline, les plus récalcitrants.

Dans ces circonstances graves, quelques personnes, doutant de la fermeté de Gaudry, en raison de son âge, de sa modestie, de sa bonté, lui avaient opposé un ancien Bâtonnier, M. Delangle, qui, dans la suite, s'éleva si haut dans la magistrature, et dont l'énergie était bien connue. Elles se trompaient : le Bâtonnat de Gaudry fut un Bâtonnat réparateur dans toute la force de cette expression.

La grande bonté de Gaudry, sa bonhomie paternelle, son amour pour la jeunesse, n'excluaient pas chez lui une grande fermeté.

Les deux discours qu'il a prononcés, pendant son Bâtonnat, à l'ouverture des conférences, le dépeignent tout entier : ce qu'ils expriment par-dessus tout, c'est la bonté, mais une bonté qui n'exclut ni l'autorité, ni les reproches.

Le style est d'une simplicité charmante, et tout ce qui vient du cœur y est exprimé avec un rare bonheur. « Le seul genre de gloire auquel il aspire, dit-il, « auquel nous devons tous aspirer, c'est de graver un « doux souvenir dans le cœur de nos confrères. » — « On ne meurt pas, dit-il encore, lorsque l'on vit dans « le cœur de ses amis » (1).

Rien n'est plus touchant que la partie de ces discours qui a trait à l'amitié, à la confraternité, au patronage des anciens. Puis le bon M. Gaudry, qu'on a nommé si justement le Nestor du Barreau, titre que lui avait mérité sa longue expérience de nos règles, nous entretient des souvenirs dorés de sa jeunesse. Il célèbre l'intimité des hommes illustres qu'il a connus alors. « On ne nommait point Bellart, dit-il, « sans penser à Bonnet, Billecocq sans penser à « Gairal ; ensemble ils ont lutté, ensemble ils ont joui

(1) Gaudry. Discours de rentrée 1850, p. 12 et 13.

« de leurs succès ; les fêtes de famille de l'un étaient « les fêtes de famille de l'autre » (1).

Il loue le patronage des anciens tel qu'il était alors pratiqué « il croit, nous dit-il, avoir quelque chose « à regretter. »

Il se rappelle avec émotion « ce vénérable M. Bil- « lecocq dont la vertu était si aimable ; M. Bonnet, « dont la gaîté était si spirituelle et si indulgente ; « M. Gairal, dont la dignité était si gracieuse. » Il s'attarde avec complaisance sur les débuts un peu solennels des jeunes avocats d'alors plaidant contre ces vénérables maîtres du Barreau ; il se prend à regretter l'exorde et la péroraison qui brillaient dans tout leur éclat.

Peut-être le vénéré M. Gaudry est-il ici trop prévenu contre la révolution qui a amené la suppression de l'exorde et de la péroraison dans les plaidoieries de notre époque. Dans une société comme la nôtre, où l'élévation par le mérite personnel est en quelque sorte mise au concours, où les supériorités de convention se sont effacées, comment n'aurait-on pas senti que le secret de parvenir était dans l'emploi du temps, que la vivacité, la prompte expédition des affaires étaient devenues des qualités essentielles au Barreau comme ailleurs, que le bien faire consistait en grande partie dans le faire vite.

M. Gaudry ne se montre-t-il pas aussi un peu trop

(1) Gaudry. Discours de rentrée 1851, p. 25.

laudator temporis acti, lorsqu'il nous parle du patronage des anciens, tel qu'il était exercé aux beaux jours de sa jeunesse. Ç'a toujours été l'honneur des maîtres éminents qui ont fait la gloire du Barreau de Paris, d'aimer à travailler avec de jeunes confrères, à s'aider de leurs travaux en les instruisant. N'est-ce pas un lieu commun au Barreau de Paris que cette maxime « que le cabinet de l'ancien est l'école de « l'avocat » ? Et cette collaboration des jeunes avec les anciens dont, on l'a dit avec raison, « aucune « autre profession ne saurait donner l'idée », M. Gaudry n'a-t-il pas trouvé lui-même le plus beau nom dont on puisse l'appeler, le patronage des anciens ? Ce patronage des anciens a été pratiqué par les contemporains et les successeurs de M. Gaudry, comme il l'était par ses devanciers, et il l'est encore de nos jours, tous nos jeunes confrères le savent, comme il l'était au temps des Bonnet, des Billecocq et des Gairal, avec le même zèle, le même dévouement absolu, la même fleur de délicatesse, et le Barreau de Paris n'a jamais eu, à ce point de vue, rien à regretter.

Que sont ces réunions de colonnes qui ont si heureusement succédé *au rolle des bancs* de l'ancien Barreau de Paris, et dont le rétablissement a été l'honneur incontesté du Bâtonnat de M. Gaudry, après une interruption de vingt années, si elles ne sont pas une des formes du patronage des anciens. C'est là que les jeunes stagiaires s'instruiseut de l'antique discipline de nos règles, dans les effusions de la confraternité ; c'est là qu'ils apprennent, et c'est là seulement qu'ils peuvent apprendre cette législation, faite de souvenirs, qui nous est chère, et que la loi a consacrée, quand elle a dit : « Les usages observés dans « le Barreau, relativement aux droits et aux devoirs « des avocats, sont maintenus. »

Le patronage des anciens seul peut nous enseigner, dans les réunions de colonnes, nos devoirs en matière de communication de pièces, nos devoirs envers les magistrats, envers nos confrères et envers nos clients. M. Gaudry dit excellemment à ce sujet : « Si un ami m'a rendu dépositaire d'actes garantissant ses plus chers intérêts, les abandonner à un étranger serait un abus, les livrer à un ennemi serait un crime... Ces règles ne sont pas faites pour nous. Un client, en nous confiant la défense de son honneur, de sa fortune, est obligé de nous livrer des titres dont la perte serait irréparable... Nous courons les remettre à son adversaire, parce que son adversaire est notre confrère. » Et M. Gaudry continue : « Sublime imprudence ! honneur éternel du Barreau ! Ajoutons, pour rassurer nos clients, que Loisel, il y a bientôt trois cents ans disait : « Il n'en est point encore advenu de faute » (1). Et depuis trois cents ans, les mœurs ont changé, la confiance s'est affaiblie, de violentes passions ont divisé les hommes, et nous le répétons

(1) Gaudry. Discours de rentrée de 1850, p. 7.

avec orgueil, non seulement il n'en est jamais advenu de faute, mais cette confiance est restée la gloire du Barreau moderne, comme elle l'était du Barreau des siècles passés.

S'il est une des traditions du Barreau qui a été chère à Gaudry, c'a été de pourvoir à la défense des intérêts de la pauvreté et du malheur. Il aimait à rappeler que l'Ordre auquel nous appartenons a toujours eu la gloire d'aller au-devant de toutes les misères. Il évoquait volontiers le souvenir de la chambre des consultations gratuites de l'ancien Parlement de Paris, et l'Ordonnance de 1536, prescrivant que des avocats soient donnés aux « pauvres misérables personnes ». Sous son Bâtonnat, il voulut donner l'exemple, et tint à honneur de défendre d'office, devant la cour d'assises de la Seine, un misérable assassin, dont il parvint à sauver la tête. Ce trait de M. Gaudry nous montre qu'il tenait à remplir tous les devoirs de notre profession, même nos devoirs envers les malheureux, et qu'il savait que les meilleures leçons de ceux qui sont les dépositaires de l'autorité ne sont rien auprès des exemples qu'ils donnent.

Personne plus que Gaudry n'a eu une haute idée de notre profession; il considérait la défense des pauvres comme une croisade de la justice et de la charité. Son désintéressement était à ce point excessif, qu'il n'admettait pas que l'avocat pût profiter de la loi commune, qui permet à l'homme d'exiger, de son travail difficile et consciencieux, un prix suffisant pour assurer l'aisance et le repos de ses vieux jours. L'honoraire, d'après lui, ne devait pas être un salaire. Il devait consister dans la stricte rémunération des peines et des travaux de l'avocat. Aussi, personne n'a protesté plus énergiquement que lui contre la patente imposée à l'avocat, contre « cet impôt sur le mérite et sur la science, sur l'honneur d'être utile à ses concitoyens » comme il l'appelait; mais toujours soumis aux lois de son pays, il conseillait à ses jeunes confrères de payer l'impôt, et de prouver, à force de désintéressement, qu'ils ne devaient pas être soumis au tarif du commerce et de l'industrie.

M. Gaudry n'a pas connu l'ambition. Dans un temps où les hommes ne savent pas être heureux, jaloux qu'ils sont trop souvent de s'élever au-dessus et sur les ruines mêmes les uns des autres, on ne le vit point tourmenté par d'ambitieux désirs. Ce fut sous son Bâtonnat que se produisirent les événements de décembre 1851. On ne le vit point se rallier à la doctrine politique pratiquée sans cesse que la fin justifie les moyens. M. Gaudry se montra sans forfanterie comme sans faiblesse, vis-à-vis du pouvoir issu de cette conspiration militaire. Longtemps après ces événements, on serait peut-être porté à penser que le Bâtonnier d'alors ait manqué d'éclat et d'énergie, dans la défense des intérêts qui lui étaient confiés. Non, il n'a pas manqué aux intérêts qui lui étaient confiés. Leur défense a été ce qu'elle pouvait être, dans un temps où les avocats étaient extrêmement menacés. Des ordonnances draconiennes étaient préparées : et, si notre Ordre n'a pas subi plus de disgrâces, c'est à la haute prudence du Bâtonnier d'alors que nous le devons, non moins qu'à l'intervention puissante de nos anciens Bâtonniers Baroche et Delangle et de M. le premier président Troplong. Il ne serait pas équitable de juger les hommes, surtout lorsqu'ils remplissent un devoir public, sans tenir compte des circonstances difficiles dans lesquelles ils ont dû agir.

Gaudry, qui avait été placé à la tête de notre Ordre par le suffrage universel de ses pairs, eut le regret de voir enlever à ses confrères, par le décret du 22 mars 1852, la nomination de leur Bâtonnier. L'illustre Berryer qui lui succéda, fut élu par le conseil de l'Ordre, et il en fut ainsi jusqu'à la fatale année 1870, où le choix de l'Ordre entier éleva au Bâtonnat celui que le Barreau de Paris fêtait naguère avec tant d'enthousiasme, et dont la voix devait éloquemment nous rappeler nos devoirs, au lendemain de nos désastres (1).

IV

Lorsqu'il fut parvenu au terme de son Bâtonnat, Gaudry renonça à la plaidoirie, et consacra sa retraite volontaire à composer d'utiles et conscien-

(2) Me Rousse, membre de l'Académie française, ancien Bâtonnier.

cieux ouvrages. Après avoir loué en lui l'avocat et le Bâtonnier, il nous reste à parler de l'écrivain, de ses importants traités sur la législation des cultes et sur le Domaine, enfin de sa belle histoire du Barreau de Paris.

Dans le Traité de la législation des cultes, M. Gaudry a voulu poser les bases mêmes du droit, en ce qui touche les cultes et le culte catholique en particulier. Son œuvre est largement conçue. Du trône du chef de l'Église catholique, il a descendu lentement, méthodiquement tous les degrés de la hiérarchie, depuis le plus élevé jusqu'aux plus infimes. Les intérêts matériels ont trouvé leur place dans cet ouvrage, et se sont encadrés dans le plan aux vastes proportions établi par l'auteur. Mais les passions religieuses étaient trop ardentes, au moment où il a été composé, pour qu'il fût possible à Gaudry de contenter tout le monde, même parmi les croyants.

Autant que la chose lui a été possible, M. Gaudry s'est tenu sur le terrain de la légalité pure. Ce n'est pas lui qu'on verra jamais dissimuler les textes, ni ruser quand il s'agira de leur exécution. On trouve, à chaque page de cet important traité, deux sentiments : c'est d'abord le respect rendu aux prescriptions du législateur ; il estimait avec raison que le mépris de la loi était un mal si général et si funeste, qu'il ne devait pas s'en rendre complice ; c'est, d'autre part, une soumission entière, pour tout ce qui tient au dogme, à la décision de l'Église catholique.

Certaines personnes ont reproché à Gaudry de ne pas s'être fait l'écho de leurs récriminations violentes contre la législation en vigueur sur la matière des cultes ; d'autres lui trouvent trop de tendresse pour les articles de Pithout et le Jansénisme, trop de sévérité contre les empiètements du clergé ; d'autres, en sens inverse, lui trouvent trop de dureté pour Philippe-le-Bel et les légistes, et trop de bienveillance, pour les jésuites, dans leur procès contre l'Université. Les premiers l'accuseraient volontiers d'être trop gallican ; les seconds de pencher de préférence vers l'ultramontanisme. Pour nous, au milieu de ces contradictions, nous dirons que dans cet ouvrage, la science, le droit, la jurisprudence, tout a pu pénétrer, et y a été traité sans passion, sans prévention et avec un ordre parfait. Notre conclusion se résumera en ces mots d'Estienne Pasquier et elle nous domine : « On se laisse aisément conduire par la bouche de ceux qu'on estime hommes de bien. » Nous pensons que cette confiance respectueuse sera partagée par la plupart de ceux qui étudieront et suivront les doctrines de Gaudry.

Au Traité de la législation des Cultes succéda un Traité du Domaine. Le droit de l'ancienne monarchie comptait d'illustres docteurs, qui, à remonter jusqu'à Domat et Dumoulin, avaient créé une véritable science domaniale. Mais la Révolution de 1789, en balayant le vieil édifice féodal et royal, avait frappé de stérilité les anciens principes ; et les jurisconsultes modernes ne pouvaient plus chercher des inspirations dans l'ancienne jurisprudence relative à la législation domaniale. Conseil, depuis plus d'un quart de siècle, de l'administration des Domaines, M. Gaudry avait, dans cette matière, comme dans les matières relatives à la législation des cultes, l'avantage très précieux d'une expérience spéciale. Son Traité du Domaine est un éminent service rendu à la science et à la pratique des affaires. La partie qui a trait au domaine public monumental est l'une des plus attrayantes de cette important Traité. Quels sont les édifices et les objets de science ou d'art, qui doivent être considérés comme faisant partie du domaine public, soit national, soit départemental, soit communal? Moyennant quelles conditions un immeuble, ou même un meuble, entre-t-il dans ce domaine, protégé par la garantie légale de l'imprescriptibilité? Après avoir développé tous ces points, et passé en revue la mer et ses rivages, les fleuves, les rivières, les voies publiques, nos monuments et nos forteresses, M. Gaudry arrive à cette conclusion consolante, « que dans les matières domaniales, nos lois sont « d'une sagesse qui peut défier toutes critiques, et « qu'elles ont mesuré avec une scrupuleuse attention « les besoins de l'État et les obligations des citoyens. »

Mais j'ai hâte, Messieurs, vous le concevez sans peine, de quitter la législation des cultes et le Traité du domaine, et d'arriver à celui des ouvrages de Gaudry qui est pour nous la preuve la plus vivante de l'affection qu'il avait vouée à notre Ordre. Vous avez tous compris qu'il s'agit de son Histoire du Barreau de Paris. C'était bien à lui, à cet avocat de vieille roche, qu'il convenait d'exposer nos titres de gloire, ceux de nos ancêtres, les titres de gloire de cette corporation libre, qui après tant de révolutions, au milieu de la dissolution générale de tant de liens, a su conserver tant de cohésion, tant de confraternité, tant de respectueux attachement à la tradition et aux souvenirs du passé. Dans un temps où toutes choses passent si vite, où l'on s'attaque si volontiers aux vieilles institutions, où la rage de tout réviser semble avoir envahi les meilleurs esprits, M. Gaudry pensait que les règles traditionnelles de notre Ordre devaient être fermement maintenues, non parce qu'elles étaient anciennes, mais parce qu'elles étaient la raison écrite, et le fruit accumulé de l'expérience des siècles et des hommes qui nous ont précédés.

Quoi qu'en ait pensé M. Gaudry, qui consacre plusieurs chapitres de son ouvrage au Barreau de l'époque gallo-romaine et de l'époque franque, il ne nous semble pas que l'on puisse faire remonter beaucoup au delà du règne de Saint-Louis, l'histoire de l'Éloquence judiciaire en France. Jusqu'au treizième siècle en effet, où pourrait trouver place l'Éloquence du Barreau ? « Un champ clos où luttent deux adver- « saires, voilà le siège de toute justice (1). » Le rôle de

(1) M. Froment. *Essai sur l'Histoire de l'éloquence judiciaire en France avant le* XVIIe *siècle*, p. 1

l'avocat ne commence que le jour où la justice renaît avec Saint-Louis, lorsque les *Établissements* opèrent une véritable révolution, en instituant la preuve par témoins, en toutes matières civiles et criminelles.

La preuve par témoins faisait disparaitre, non seulement le combat judiciaire et la procédure par gages de bataille, mais encore toutes les épreuves par jugement de Dieu, le feu, l'eau bouillante, le fer chaud, seuls témoins jusqu'alors admis par les juges en ces époques de barbarie. Comme conséquence des principes posés dans les Etablissements de Saint-Louis, le ministère des avocats devenait nécessaire, puisque, dans les débats judiciaires, la logique et la raison allaient remplacer l'arbitraire et la violence. Aussi, les règles les plus anciennes, que nous ayons sur notre profession, se trouvent-elles dans les *Établissements* mêmes, sous la rubrique : « Comment « avocat se doit tenir en cause. »

M. Gaudry étudie soigneusement les ouvrages du temps où il est question des avocats, particulièrement les Coutumes du Bauvoisis de Beaumanoir, où l'on voit les avocats honorés d'après le nombre de leurs chevaux (1) ; puis, arrivant à nos troubles civils sous Charles V et sous Charles VI, il nous montre les avocats n'intervenant dans toutes ces agitations sédi-

(1) « Et en effect, il n'est pas raisonnable, que celui qui va à un « cheval, doie avoir aussi grant jornée, comme chil va à deux « chevax, ou à trois ou à plus. » Cout. du Beauvoisis. Édit. Beugnot, p. 90, § 3.

tieuses, que pour en être les pacificateurs et souvent les victimes. Il exalte le courage de Jean des Mares, avocat fameux par son éloquence et par ses vertus, qui, parvenu à l'âge de soixante-douze ans, anobli par le roi Charles V, périt sur l'échafaud après avoir servi l'Etat pendant quatre règnes, expiant ainsi le crime d'avoir conclu contre le duc de Bourgogne dans la question de la régence du malheureux roi Charles VI, et tenté de soustraire son pays à la domination d'un complice du roi d'Angleterre. Un dernier hommage rendu à cet avocat des anciens jours, allant au supplice, en répétant ces mots du Psalmiste : « *Judica me Deus, et discerne causam meam* » et dont les derniers moments nous rappellent le portrait de l'homme juste d'Horace, méritait de figurer dans l'Histoire du Barreau de Paris.

Dans le second volume de l'Histoire du Barreau, qui comprend toute la période qui s'est écoulée depuis le commencement du dix-septième siècle, jusqu'en 1830, les biographies des grands avocats, l'analyse des causes célèbres tiennent une place beaucoup plus grande que dans les siècles précédents. M. Gaudry n'a point posé en principe, à l'exemple de Fournel, « que l'individualité des avo- « cats était le moindre objet de ses recherches. » Il a soigneusement étudié le caractère, le talent des avocats célèbres de cette époque. C'est Lemaistre, dont l'eloquence est pleine d'éclat, semée de traits hardis et de beautés neuves, ce qui fait regretter qu'il n'ait pas su la dégager de ce cortège nombreux d'orateurs, d'historiens et de Pères de l'Église qu'elle mène toujours à sa suite ; c'est Patru, qui, correct et froid, retranche les défauts qui défiguraient alors l'éloquence judiciaire, mais sous la sèche argumentation duquel on ne trouve pas toujours la vigueur et les belles pensées noblement exprimées; c'est la grande figure de d'Aguesseau qui ouvre la série du dix-huitième siècle.

A côté de ces grands noms auxquels Gaudry excellait à rendre justice figurent, dans son Histoire du Barreau de Paris, les personnages illustres qui ont été réduits à défendre leur conduite devant les tribunaux : c'est Fouquet, c'est Lally-Tollendal, c'est l'infortuné maréchal Ney ; puis ce sont ces contestations privées, qui ont souvent révélé, dans les mœurs ou dans les lois, des imperfections pleines de redoutables conséquences ; c'est le procès de Beaumarchais contre Goëzman, le procès du collier qui vous sera retracé tout à l'heure avec un talent qui plusieurs fois déjà s'est si brillamment révélé, c'est le procès de Calas. Sous ces divers aspects, l'Histoire du Barreau de M. Gaudry est une partie détachée de l'histoire générale du pays ; et la forme des débats judiciaires, l'imminence des condamnations pénales, l'exemple des revers soudains de fortune individuelle lui donnent un caractère fort émouvant et éminemment dramatique.

Après avoir esquissé la belle figure de Gerbier et

payé un juste tribut d'éloges à sa grande éloquence, puis heureusement dépeint la triste personnalité de Linguet, l'emportement de son caractère, l'impétuosité de ses passions haineuses, il ne restait plus à M. Gaudry qu'à nous retracer les belles figures des de Sèze, des Chauveau Lagarde, qui tant de fois au péril de leur vie firent entendre devant l'odieux tribunal révolutionnaire la voix de la justice et de l'humanité, et à nous apprécier en quelques mots le rôle de nos grands Bâtonniers de la Restauration, des Delacroix-Frainville, des Bonnet, des Gairal, des Billecocq, à l'école desquels Gaudry s'était formé, et dont il parlait toujours avec la plus grande vénération.

M. Gaudry n'a pas voulu poursuivre son Histoire du Barreau au delà de 1830. Il en donne lui-même la raison dans l'avant-propos de son ouvrage, lorsqu'il dit en parlant des avocats postérieurs à cette époque que « comme ils sont ses contemporains, ses con-« frères et souvent ses amis, il eût été souveraine-« ment inconvenant de se constituer leur juge. Si « j'avais donné l'éloge, ajoute-t-il, j'aurais été obligé « d'exprimer le blâme ; et le blâme comme l'éloge ne « peuvent être convenablement attribués à ceux qui « n'ont pas fini leur carrière, les derniers jours peu-« vent suffire pour honorer ou déshonorer une vie. »

L'Histoire du Barreau de M. Gaudry a fait oublier celle de Fournel, publiée en 1813, écrite dans un style déclamatoire et dont les jugements sont trop souvent inspirés par la passion. M. Gaudry est plus clair et plus méthodique ; il a relevé la plupart des erreurs de son devancier et se recommande par une grande justesse de vues. On sent du reste, d'un bout à l'autre de cet ouvrage, une sorte de feu sacré qui nous entraîne, une sorte de chaleur communicative qui nous plaît et qui nous séduit, quand l'auteur nous parle de la formation de notre Ordre, de ses règles constitutives, de la marche progressive de son influence, en faveur de la royauté d'abord, puis en faveur de la liberté, et surtout quand il excelle à entourer les faits et les actes des avocats de toutes les circonstances qui peuvent nous faire comprendre le milieu où ils s'agitaient, et nous faire apprécier leur courage, l'opportunité et le mérite de leur parole (1).

(1) Depuis la publication de l'ouvrage de M. Gaudry, personne n'a jamais entrepris d'écrire l'histoire générale du Barreau de Paris. Cependant deux monographies récentes ont étudié un coin de notre histoire du Barreau. C'est d'abord la thèse de M. Théodore Froment présentée à la Faculté des lettres de Paris en 1874, qui a pour titre : « Essai sur l'éloquence judiciaire en France avant le XVIIe siècle », puis « l'Histoire des Avocats au Parlement de Paris » de M. Delachenal, qui n'embrasse que la période comprise entre le XIVe siècle et la fin du XVIe siècle. Le style de ces ouvrages est d'une très grande élégance; il semble plus précis et plus scientifique que celui du livre de M. Gaudry. On trouve dans l'ouvrage de M. Froment des vues historiques fort élevées; dans celui de M. Delachenal, les renvois aux pièces justificatives, trop nombreux peut-être, sont fort exacts et facilitent les recherches. De plus, M. Delachenal a trouvé dans les registres originaux du Parlement de Paris, une mine précieuse, presque inépuisable, et que personne n'avait encore sérieusement fouillée. Mais il ne faut pas oublier que ces supériorités tiennent surtout aux progrès immenses qu'ont faits depuis vingt années les sciences historiques; et, d'ailleurs, M. Delachenal reconnait, tout le premier, qu'il lui eût été impossible, à partir du XVIIe siècle, d'écrire son histoire des Avocats sur le même plan, et à l'aide des mêmes documents. Il lui

Pendant que M. Gaudry se livrait à ces importants travaux, il était resté l'un des membres les plus zélés et les plus dévoués de notre Conseil de l'Ordre, et, bien qu'il fût naturellement porté à l'indulgence, personne n'était plus ferme que lui, quand il s'agissait de maintenir nos règles professionnelles; jusqu'à ce que, en 1864, après cinquante ans de tableau, après avoir siégé au Conseil pendant trente-six ans, il déclinât toute nouvelle candidature, par une lettre fort digne adressée à M. Dufaure, alors Bâtonnier. A quatre-vingt-deux ans, c'était encore un magnifique vieillard, pouvant réciter de mémoire jusqu'à cent vers de Virgile. Son érudition littéraire, sa passion pour les classiques français, grecs et latins ont été le charme de toute sa vie. Ce n'est pas tout encore, les lettres, le Barreau n'étaient pas seuls à se disputer les loisirs de Gaudry; il a composé deux fois un herbier considérable, et, presque entièrement sur place, une collection minéralogique de quatre mille échantillons classés et étiquetés d'après la méthode d'Haüy. Très

aurait fallu revenir au plan de Gaudry, à la biographie des grands avocats, à l'analyse des causes célèbres, et les registres du Parlement n'auraient pu être consultés par lui avec le même fruit. Tout en accordant à ces travaux récents le juste tribut d'éloges qui leur est dû, il faut convenir que c'est encore à l'ouvrage de Gaudry que nous devrons recourir, toutes les fois que nous voudrons étudier, d'une manière complète, l'histoire de notre grand Barreau de Paris. Le Barreau moderne français et étranger, qui ne rentre dans le cadre d'aucun des ouvrages dont nous venons de parler, a été étudié d'une façon magistrale, nous ne saurions l'oublier, dans le beau livre d'un de nos anciens Bâtonniers, le regretté M. Le Berquier.

peu de personnes ont mieux connu que lui les flores française et alpestre. Ce culte des sciences naturelles devait brillamment se perpétuer dans sa famille (1).

M. Gaudry mourut le 19 janvier 1875, à l'âge de quatre-vingt-cinq ans. Depuis l'année fatale, il était le doyen de notre Ordre; car, jusqu'à son dernier jour, il avait voulu demeurer inscrit à notre Tableau : « J'ai vécu avocat, avait-il coutume de dire, je mourrai avocat. »

Par une faveur singulière, M. Gaudry voulut distribuer de son vivant, aux jeunes stagiaires qui s'étaient le plus distingués, les exemplaires de ses ouvrages qui restaient en librairie. N'était-ce pas là une forme encore de ce patronage des anciens, dont il a tant loué les bienfaits, et ne peut-on répéter ici de lui, ce qu'on a si bien dit de M. Gairal « que son Bâtonnat a été pour la jeunesse une sorte de protectorat » (2).

M. Gaudry ne se peignait-il pas tout entier, quand il disait, en 1850, aux jeunes stagiaires, que toute son ambition « c'était d'être considéré comme l'ami du « jeune Barreau, comme son conseil, son appui... Et, « ajoutait-il avec enthousiasme, dussé-je ne point « laisser d'autre patrimoine à mes enfants, je répéte- « rais, moi aussi : *Non omnis moriar*!.. On ne meurt

(1) Le célèbre paléontologiste Alcide d'Orbigny était le gendre de Gaudry. M. Albert Gaudry, le savant professeur du Muséum d'histoire naturelle, est son fils.

(2) Auguste Marie, éloge de Gairal, p. 15.

« pas, lorsque l'on vit dans le cœur de ses amis (1). »

Toute sa vie, M. Gaudry n'a eu qu'une devise, qu'un seul but, *vitam impendere vero*. Ce but, il l'a poursuivi avec une grande bonté, avec une inaltérable douceur. On peut dire de Gaudry ce que Philippe Dupin disait si éloquemment de Gairal en 1835, le jour de la rentrée des Conférences, qu'il n'était point de ces hommes « mobiles dans leurs affections « comme dans leurs principes, « dont on a dit avec « raison qu'ils n'étaient constants que dans leur in- « constance, de ces hommes qui se laissent attacher « à tous les chars, accoupler à tous les attelages, « toujours prêts à tout prendre, à tout quitter, à tout « subir. »

Enfin, par où pourrais-je mieux finir, Messieurs, cet hommage rendu à la mémoire de Gaudry, que par ces paroles éloquentes de Philippe Dupin sur Gairal, qui seront la meilleure conclusion de ce travail :

« Ecoutez, jeunes stagiaires, la vie d'un homme de « bien ! Ce sera pour vous le plus utile stage, la leçon « la plus profitable. Mieux que nos paroles, cette vie « si pure vous enseignera le respect pour les lois. « Elle vous dira plus éloquemment que nous ne le « pourrions faire tout ce que la gravité des mœurs, la « pureté du caractère, une probité éprouvée, peuvent « prêter de puissance à la parole.

« C'est ainsi qu'après sa mort, le confrère que nous

(1) Gaudry. Discours de rentrée, 1850, p. 13.

« regrettons sera encore utile à un Ordre qu'il a con-
« stamment honoré par sa longue et belle carrière (1) ».

Messieurs, je m'arrête sur ces belles paroles, vos anciens ont pensé avec raison qu'il convenait à la jeunesse d'apporter un sincère hommage à cet homme de bien qui fut « l'ami du jeune Barreau. »

(1) Philippe Dupin, Discours de rentrée, 1835.

Alcan-Lévy, imprimeur de l'Ordre des Avocats.

www.ingramcontent.com/pod-product-compliance
Lightning Source LLC
LaVergne TN
LVHW010104230826
846091LV00005B/2083

* 9 7 8 2 3 2 9 3 7 5 4 2 7 *